MÉRY

EN VENTE CHEZ LE MÊME LIBRAIRE

CONFESSIONS
DE MARION DELORME

PAR EUGÈNE DE MIRECOURT

livraisons à 25 centimes, avec gravures.
fr. l'ouvrage complet par la poste.

Paris. — Typ. de Gaittet et Cie, rue Gît-le-Cœur, 7.

MÉRY

LES CONTEMPORAINS

MÉRY

PAR

EUGÈNE DE MIRECOURT

PARIS
GUSTAVE HAVARD, ÉDITEUR
BOULEVARD DE SÉBASTOPOL
rive gauche
L'Auteur et l'Éditeur se réservent tous droits de reproduction
1858

AVANT-PROPOS

Il est bon de dire, en quelques lignes, pourquoi nous avons entrepris de faire ces petits livres.

Toute chose a sa raison d'être.

Depuis longtemps nous devons écrire une *Histoire de la Littérature au dix-neuvième siècle*; mais jusqu'ici les matériaux nous ont manqué pour ce travail. Outre l'ennui des recherches et la fatigue qu'elles occasionnent, il est rare que les bibliothèques fournissent des documents exacts sur les hommes qui existent encore.

On trouve, d'un côté, la critique absolue, et, de l'autre, la louange aveugle.

Entre ces deux exagérations, il est difficile de se tenir en équilibre. Un peintre, à qui l'on apporterait deux portraits du même individu, l'un merveilleux de beauté, l'autre abominable de laideur, serait dans un grand embarras. Il se mettrait aussitôt à la recherche de l'original et voudrait juger par ses propres yeux du véritable caractère de la figure.

C'est précisément ce que nous avons fait.

Tous les personnages dont nous offrons l'esquisse au public ont posé devant nous;

sans se douter que nous allions les peindre. Nous avons obtenu de la sorte des jalons certains pour nous guider dans notre grande *histoire*, et les inexactitudes signalées dans l'ébauche pourront aisément se corriger dans le tableau.

Le procédé que nous appliquons aux gens de lettres nous servira plus tard pour d'autres contemporains illustres, si l'on trouve que nous manions bien la couleur et si notre pinceau n'est pas jugé trop malhabile.

Paris, 25 octobre 1855.

EUGÈNE DE MIRECOURT.

MÉRY

Marseille, la ville grecque exilée sur nos rivages, se rappelle ses sœurs d'Ionie, et revendique le berceau d'un fils d'Homère. C'est une prétention qui l'honore, mais à laquelle, nous regrettons de le dire, il faut absolument qu'elle renonce.

Joseph Méry est né aux Aygalades, en 1802, près de l'ancien château de Barras, aujourd'hui la propriété de M. de Castellane.

Il eut pour précepteur un vieux prêtre, l'abbé Carrié, qui lui enseigna merveilleusement le latin.

Son intelligence s'éveilla et grandit dans ces douces régions méridionales, toutes de pourpre et d'azur, où la mer et le soleil se donnent un éternel baiser.

Le poëte enfant se plaisait à faire de longues promenades sous les grands bois de Gemenos, et ce fut là sans doute que lui apparut pour la première fois cette belle nymphe harmonieuse dont il a retenu les chants célestes, et qui, depuis, l'a toujours abrité de ses blanches ailes.

En 1815, achevant ses études à Marseille, il assista aux luttes sanglantes et aux épouvantables massacres qui signalèrent dans le Midi le retour des Bourbons.

Saisi d'horreur et méprisant un parti assez lâche pour soudoyer le meurtre, le jeune homme, bercé jusque-là dans les principes du royalisme, déchira ses langes.

Il devint bonapartiste et libéral.

De cette époque datent les débuts de Méry dans la carrière littéraire. A côté du poëte se révéla tout à coup le journaliste incisif, spirituel et mordant.

Le premier soin du parti prêtre avait été de prêcher la croisade contre l'Université, cette magnifique création du génie de l'Empire.

Une coterie haineuse, hypocrite et déloyale, sapait l'institution dans sa base. On enlevait aux laïques les hautes fonctions universitaires pour en revêtir des membres du clergé. L'intolérance et le fanatisme allaient si loin, que M. l'abbé Éliça-Garay, inspecteur en chef des colléges, enjoignait expressément aux professeurs de donner les prix à ceux des élèves qui remplissaient avec le plus de ponctualité leurs devoirs religieux, sans acception de mérite, de travail et de talent.

Révolté de cette injustice, dont peut-être il avait été la première victime, Méry, à peine âgé de dix-sept ans, s'arma du fouet de la satire et en cingla le visage de M. l'inspecteur en chef des colléges.

L'article parut dans un petit journal de Marseille.

Toute la coterie cléricale sonna le tocsin.

M. l'abbé Éliça-Garay porta plainte devant les tribunaux et fit condamner à quinze mois de prison le jeune auteur du pamphlet.

Méry se constitua prisonnier.

Fier de son action, heureux d'être persécuté pour la cause dont il avait pris la défense, il s'étendit bravement sur la paille des cachots et ne voulut pas entendre parler d'une demande en grâce.

L'oiseau charme sa captivité par des chants ; le poëte est comme l'oiseau.

Méry chanta quinze mois, et, quand on ouvrit les portes de sa cage, il prit son vol du côté de Paris, avec un recueil d'odes et de poésies fugitives.

Pendant l'espace de neuf ou dix années, c'est-à-dire jusqu'en 1828, il habita tantôt la capitale et tantôt Marseille, où il avait fait ses premières armes dans le journalisme et où l'appelaient de nombreux amis.

Il se lia surtout avec Alphonse Rabbe, publiciste original, qui, après avoir écrit les *Massénaires*, diatribe violente contre Masséna, gouverneur de Marseille, s'agenouilla tout à coup devant le drapeau qu'il avait insulté, fit amende honorable et déclara hautement que celle de ses mains qui avait tenu la plume devait être brûlée.

Les libéraux le dispensèrent de rallumer pour son usage personnel le brasier de Mutius Scævola.

Rabbe devint l'un des ennemis les plus irréconciliables de la légitimité.

Son influence était grande sur la jeunesse de Marseille. Il créa des journaux, où il exploita, pour le compte de l'opposition, un peu son propre talent, beaucoup celui des autres.

Sous les auspices d'Alphonse Rabbe, Méry devint l'un des plus actifs rédacteurs du *Phocéen*.

Mais bientôt, voulant se mettre à l'abri de l'exploitation exercée par cette feuille, il créa lui-même un second journal voué à la cause du libéralisme. La *Méditerranée* troubla le repos de plus d'un fonctionnaire et fit jouer souvent le télégraphe sur la ligne de Paris à Marseille.

Ces deux journaux se réunirent plus tard en un seul, appelé le *Sémaphore*, qui a continué sa publication jusqu'à nos jours.

Vers 1824, les voyages de Méry à Paris devinrent plus fréquents.

Il commença à y poser les bases de sa réputation littéraire.

Mais, comme tous les gens de lettres qui refusent de se prosterner devant le pouvoir et qui n'émargent pas le registre des gratifications, il lui arriva plus d'une fois, à l'heure du dîner, de se poser un problème, que sa bourse vide l'aidait médiocrement à résoudre.

Alphonse Rabbe, installé depuis six mois à Paris, où il écrivait l'*Histoire des Papes*, offrit au poëte une place à sa table et le pria de traduire quelques in-folio latins, besogne peu récréative, qui absorbait tout le temps de Méry et semblait lui défendre à perpétuité de dîner ailleurs.

Fidèle au système d'exploitation qui lui avait réussi jadis à Marseille, l'ancien rédacteur en chef du *Phocéen* ne cherchait pas à procurer à son compatriote un travail plus en rapport avec ses goûts et son talent. Il eût fait traduire à Méry la collection tout entière des Pères de l'Église et les canons de tous les conciles, sans une circonstance qui permit enfin à son jeune convive de manger à une table moins coûteuse.

Soulé, directeur du *Nain-Jaune*, aujourd'hui sénateur aux États-Unis et l'un des plus illustres chefs de l'Union américaine, vint rendre visite à l'historien des papes et lui demander quelques articles pour son journal.

— Impossible, mon cher, impossible !

s'écria Rabbe, avec tout l'orgueil d'un écrivain persécuté par les libraires.

Le visiteur insista, mais inutilement; il se vit obligé de sortir sans la moindre promesse d'article.

— C'est fort bien de refuser pour vous, dit Méry, qui avait assisté à la conversation; mais vous auriez pu accepter pour moi.

— Ah! c'est juste, dit Rabbe. Où diable avais-je l'esprit? Mais Soulé n'est plus là, comment faire?

— Donnez-moi une lettre; j'irai, ce soir même, au *Nain-Jaune*.

— Hum! fit Rabbe, jetant un coup d'œil de regret sur les in-folio latins.

Néanmoins il écrit la lettre.

Méry, triomphant, l'emporte, rédige

deux articles en toute hâte, et court au bureau du *Nain-Jaune*, où il trouve Léon Halévy et Santo Domingo.

Il leur présente sa copie avec la lettre de Rabbe.

— Oh ! oh ! lui disent ces messieurs, il y a du bon dans ces articles ; mais sont-ils de vous seul ?

— Et de qui donc seraient-ils ? demande Méry.

— Votre patron, sans doute, y a mis la main ? Il nous semble reconnaître le style de Rabbe.

— Ah ! ceci devient trop fort ! s'écrie le jeune homme piqué au vif. Qu'on me donne un sujet ! je veux le traiter à l'instant même, là, devant vous.

Léon Halévy et Santo-Domingo le prennent au mot.

Ils lui proposent pour thème la *Petite Poste.*

Méry prend la plume, et, séance tenante, il rédige un article désopilant, plein d'esprit, de verve et de gaieté, qu'on porte à l'heure même aux compositeurs, et qui, le lendemain, est dévoré d'un bout de Paris à l'autre.

Soulé, sans plus de retard, offre à Méry le titre de rédacteur du *Nain-Jaune* avec dix-huit cents francs d'appointements.

Cinq jours après, il porte cette somme à deux mille quatre cents francs, puis à trois mille; puis la caisse ne compte plus et donne au nouveau rédacteur tout ce qu'il demande.

Méry faisait tout le journal.

Un pareil envahissement, dont il n'était pas le maître, puisque sa facilité extraordinaire multipliait chaque jour la copie et que le directeur choisissait ses articles de préférence à ceux des autres, cet envahissement, disons-nous, souleva contre lui des rancunes jalouses, que son caractère affectueux et bienveillant ne tarda pas à faire disparaître.

Il eut bientôt, du reste, à s'occuper de travaux plus dignes de sa plume.

Les natures poétiques se rapprochent ; le génie attire le génie.

Victor Hugo, déjà célèbre, se lia très-étroitement avec le jeune rédacteur du *Nain-Jaune*, et, depuis, ils n'ont pas cessé d'être frères par le talent et par le cœur.

L'*Enfant sublime* entrait, comme Méry, dans sa vingt-deuxième année; mais il était absolument imberbe et ressemblait à une jeune fille déguisée en page, ce qui explique la qualification que lui accorda Châteaubriand.

Victor Hugo venait de chanter les pompes du sacre.

Un autre poëte, dont la liaison avec Méry commençait également alors, avait cru devoir célébrer aussi Reims, Charles X et la sainte Ampoule.

On devine qu'il s'agit de Barthélemy.

Ce dernier, royaliste de conviction, mais très-pauvre, avait eu l'espérance, en éperonnant sa muse, d'attirer sur lui l'œil du pouvoir, et comptait sur une large gratification ministérielle.

Effectivement, une lettre de M. de Damas lui arrive un beau matin.

Barthélemy court au ministère, M. de Damas n'est pas visible.

Il y retourne le soir même, le lendemain, le surlendemain, huit jours de suite, personne !

Fort de la lettre reçue, il s'obstine à frapper à cette porte toujours close. Enfin elle s'ouvre, un huissier se présente et offre, de la part du ministre, au chantre de la sainte Ampoule... un louis !

C'était la quarante-troisième visite de Barthélemy au ministère.

Furieux, il jette la pièce d'or au nez de l'huissier, quitte la place avec une soif de vengeance facile à comprendre, et rencontre Méry sur le boulevard, au moment où passaient les équipages de Sidi-Mahmoud, ambassadeur du bey de Tunis pour les fêtes de Reims.

L'entretien des deux poëtes dut être curieux.

Méry, qui n'avait pas chanté le sacre, et dont les principes libéraux s'exaltaient encore par les événements, tenait le baril de poudre ; la colère de son nouvel ami servit de mèche, et la première *Sidienne* éclata.

Presque immédiatement elle fut suivie de deux autres, qui eurent, comme leur aînée, un succès dont aucune publication de nos jours n'offre d'exemple.

Effaçant intrépidement du dictionnaire le mot *impossible*, nos deux collaborateurs résolurent de renverser le ministère Villèle, roc immuable contre lequel était venue se briser l'armée tout entière des deux oppositions.

Quiconque a vu Paris le jour où fut publiée la *Villéliade* a dû nécessairement être illuminé d'un rayon prophétique et saluer dans l'avenir, à quatre ans de distance, les barricades de Juillet.

Jamais satire d'un aiguillon plus fin, plus délicat, et en même temps d'une portée plus sûre, ne fut lancée contre un homme politique.

Il fallait, pour écrire ce chef-d'œuvre, une maturité de conviction, une force de logique et un sang-froid railleur qui ne pouvaient appartenir à un converti de la veille; aussi Barthélemy, avec une franchise qui l'honore, avoue-t-il [1] que la meilleure part

[1] Voir les notes de la traduction de l'*Énéide*, livre V.

du succès de la *Villéliade* est due à son collaborateur.

Méry logeait, à cette époque, rue du Harlay-du-Palais. Son compagnon de chambre était Armand Carrel.

Aucun libraire n'avait acheté le manuscrit d'avance. Le *Nain-Jaune*, écrasé par des amendes énormes, avait cessé de paraître.

Comment payer un imprimeur?

Armand Carrel et Méry rassemblent quelques camarades; on lit le poëme; tous les auditeurs sont dans l'enthousiasme et proclament la *Villéliade* un chef-d'œuvre.

Il y avait à cette réunion d'amis un clerc d'avoué qui ne s'attendait en aucune sorte à être, quelque vingt ans plus tard, ministre de l'instruction publique.

Achille de Vaulabelle ne possédait pas un sou vaillant.

Mais il fouilla dans la poche de son frère, officier aux gardes, y trouva quelques louis, et, quarante-huit heures après, la *Villéliade*, tout imprimée et toute radieuse, sortait des ateliers typographiques de Féreau, rue du Foin-Saint-Jacques.

Le *Constitutionnel* était alors place de la Bourse.

Il avait pour rédacteurs Etienne, Jay, Tissot, Jouy, Arnault, véritables rois de la presse et dispensateurs uniques de la publicité; car, en ce temps-là, il n'y avait point d'annonces.

Tout livre dont ces messieurs dédaignaient de rendre compte était sûr de rester dans l'oubli.

Le jeune auteur de la *Villéliade* se présente à la rédaction du *Constitutionnel* avec deux exemplaires de son œuvre.

Étienne en prend un, le coupe assez dédaigneusement du doigt et le parcourt; mais bientôt il tressaille et pousse des exclamations :

— Bravo! s'écrie-t-il, bien touché!... C'est du Juvénal tout pur!

Jouy, qui tenait l'autre exemplaire, ne disait mot.

Tout à coup il se retourne vers Méry et lui demande :

— Est-ce vous qui avez écrit cela?

— C'est moi, répond le timide auteur.

— Je vous en fais mon compliment, jeune homme. Vous irez loin!

Des importuns arrivent. On parle de la Chambre et des discours prononcés à la séance du jour. Méry s'incline et sort.

L'accueil de l'aréopage a été flatteur; mais il faut, dans la conjoncture, autre chose que des louanges stériles, et aucun de ces messieurs n'a promis de rendre compte de l'œuvre.

Méry se reproche de n'avoir pas abordé franchement ce point capital.

Sachant qu'Étienne va dîner tous les soirs aux Frères-Provençaux, il prend le parti de l'attendre et se place résolûment en embuscade, bien décidé à l'accoster au passage.

Au bout de vingt minutes il voit sortir son homme.

Étienne a la brochure à la main ; il lit en marchant.

— C'est bien, pense Méry, laissons-le lire. Je lui parlerai tout à l'heure.

Et il le suit à quelque distance.

Mais Étienne lisait toujours. C'eût été vraiment dommage de l'interrompre. Il lut d'un bout à l'autre de la rue Vivienne, il lut sous les arcades du Palais-Royal; il ouvrit, en lisant, la porte des Frères-Provençaux et continua de lire après s'être mis à table.

Il avait sur les lèvres un sourire approbateur et se livrait à de petits hochements de tête, que Méry observait de la galerie voisine, au travers des glaces de la première salle.

— Bon! s'écria le poëte en se frottant les mains, j'ai mon article!

Après ce qu'il venait de voir, il était fort inutile de parler à Étienne.

Le lendemain, Méry se lève et consulte ses finances : il a quatre sous dans sa bourse, juste un sou de moins que le Juif errant.

Mais qu'importe?

Il déjeune avec un sou de pain, une tablette de chocolat d'un sou, et il lui reste encore dix centimes pour aller lire le *Constitutionnel* au café de Thémis.

O bonheur! la *Villéliade* a son article! un feuilleton complet, un énorme feuilleton de six colonnes!

Méry court chez la brocheuse, met sous

son bras un paquet de treize exemplaires et se dirige du côté du Palais-Royal.

Il entre chez le libraire Ponthieu, sous la galerie de Bois.

— Voulez-vous, lui dit-il, montrant son paquet, prendre ceci en dépôt ?

— Non, vraiment, dit Ponthieu ; je suis encombré de brochures. Il en pleut de tous côtés, je ne reçois plus rien.

— Mais, objecte Méry, ce que je vous offre peut avoir du succès ; le *Constitutionnel* en a longuement parlé ce matin.

Le libraire dresse l'oreille.

— Êtes-vous sûr de cela ? dit-il au poëte.

— Rien de plus facile que de vous en assurer : faites acheter le journal, répond Méry.

Deux minutes après, Ponthieu lisait l'article avec un air de stupéfaction profonde.

Il était à peine au bas de la première colonne, qu'un individu ouvre la porte et demande :

— La *Villéliade*, s'il vous plaît ?

— Voilà ! se hâte de répondre Ponthieu, prenant avec vivacité les treize brochures sous le bras de Méry et en donnant une à l'acheteur : prix, cinq francs !

L'étranger paye et sort.

— Diable ! diable ! murmure le libraire, c'est l'article qui fait déjà son effet ! Il n'y a rien d'étonnant : on vous donne beaucoup d'éloges.

Il reprend le journal et veut achever de lire.

Mais aussitôt paraît un second acheteur, puis un troisième, puis un quatrième, puis cinq, six, neuf autres. Le paquet d'exemplaires est vendu, et la boutique se remplit toujours.

— Patience, messieurs, patience! dit Ponthieu; je ne puis suffire à l'empressement du public. D'ici à quelques minutes, on va m'apporter deux mille exemplaires. Ayez la bonté d'attendre!

Et, conduisant Méry dans son arrière-boutique :

— Voyons, lui dit-il, combien voulez-vous de votre poëme?

— Heu! fit le jeune homme, je ne sais... J'attends vos offres, et je m'en rapporte à votre conscience.

— Vingt mille francs, cela vous convient-il?

— Mettons vingt-cinq, dit Méry, ce sera marché fait.

— Touchez là, dit Ponthieu.

Ils se frappèrent dans la main.

Le libraire ouvrit sa caisse et compta vingt-cinq billets de mille francs, que l'heureux poëte engloutit dans cette même poche où il n'avait puisé, le matin, qu'un denier si modeste.

En sortant de la boutique de Ponthieu, Méry trouva que les galeries du Palais-Royal n'étaient pas assez hautes et craignit sérieusement de s'y blesser le front.

Il changea un de ses billets contre de l'or.

Puis il entra chez un perruquier coiffeur et se fit raser le menton pour la première fois.

Toutes ces anecdotes, relatives aux débuts littéraires de l'auteur d'*Héva*, sont parfaitement authentiques, et nous les racontons avec la fidélité la plus scrupuleuse. Rien n'offre, selon nous, plus d'intérêt que de remonter une carrière illustre et d'assister à ces péripéties émouvantes, à ces curieux accidents qui sèment la route du génie.

Le pamphlet contre M. de Villèle fut vendu, en moins d'une semaine, à plus de douze mille exemplaires. Il eut seize éditions successives, et l'on imprima la vingt-huitième en 1830.

Méry paya ses dettes.

Au nombre de ses principaux créanciers était madame Caldérou, maîtresse d'hôtel de la rue de Bussi, brave et digne femme qui croyait à la littérature, et qui, cette fois du moins, n'eut pas à s'en repentir.

On se rappelle que le poëte avait mangé, l'année précédente, à la table d'Alphonse Rabbe; l'historien des papes se métamorphosa tout à coup en restaurateur et fit présenter à son compatriote une carte à payer fabuleuse.

Méry s'exécuta, disant qu'avec un pareil homme on avait tout à perdre, même son latin.

Du reste, à partir de ce jour, Alphonse Rabbe demeure englouti au fond des limbes de la littérature, tandis que son compatriote monte, dans le ciel artistique, au rang des constellations.

Toutes les célébrités viennent tendre la main à l'auteur de la *Villéliade*.

Émile et Antony Deschamps, Sainte-Beuve, Dumas, Boulanger, Delacroix, Rossini, Hérold, et vingt autres, briguent son amitié.

Personne, mieux que Méry, n'a su comprendre la sainte fraternité des lettres et des arts.

L'envie et ses basses intrigues n'ont jamais pu atteindre cette âme élevée et généreuse. Quand on parle à Méry, on l'admire; quand on le connaît, on l'aime.

Achevons de le suivre dans sa carrière poétique.

Nous le voyons, au commencement de

1829, composer l'*Assassinat*, souvenir lugubre des massacres qui avaient épouvanté sa jeunesse. Barthélemy ne l'aida point dans cette œuvre, mais bientôt ils reprirent la plume ensemble et continuèrent, contre le pouvoir, leur croisade fraternelle.

Rome à Paris, la *Corbiéréide* et la *Censure* furent publiées six mois après la *Villéliade*.

Enfin le ministère tomba.

Un joyeux ami du vaudeville et de la chanson, M. de Martignac, ramassa le portefeuille et tâcha de concilier tous les partis, d'apaiser toutes les rancunes.

Il n'y avait plus de satire possible.

Nos deux poëtes, renonçant jusqu'à nouvel ordre à leur rôle d'opposition politique, écrivirent cette admirable épopée du *Napoléon en Égypte*, piédestal de granit sur lequel ils ont à tout jamais assis leur gloire.

Ambroise Dupont acheta le *Napoléon* soixante mille francs.

Il en avança vingt-huit, avant que Barthélemy et Méry eussent fait un seul vers.

L'œuvre achevée, les auteurs confièrent au sort le soin de régler l'ordre de la signature, et le sort favorisa Barthélemy.

Fidèle à son système de conciliation, M. de Martignac devait avoir la pensée de gagner au pouvoir ces deux frères siamois de la satire, dont la verve, d'un instant à l'autre, pouvait déborder encore.

On offrit la croix à Méry, qui la refusa.

Bonapartiste de cœur et de conviction, il ne voulait à aucun prix se rallier à ceux qui, depuis le jour où il tenait une plume, avaient été l'objet de ses plus vives attaques.

Le ministre vaudevilliste ne put sauver la légitimité.

Elle se réfugia dans les bras de M. de Polignac, qui la laissa bientôt choir sous les barricades, où, blessée de deux nouveaux aiguillons, la *Peyronnéide* et la *Guerre d'Alger*, elle ne devait pas tarder à trouver sa tombe.

Méry, pendant les trois jours, quitta la plume pour le fusil.

La bataille terminée, il reprit la plume, et bientôt on put lire ce magnifique poëme de l'*Insurrection*, écrit avec du salpêtre, et dont chaque vers est un coup de feu.

Au nombre des lettres, pleines de compliments et de louanges, qui lui arrivèrent alors, nous citerons celle-ci :

« Mon cher monsieur, j'ai lu avec le plus vif plaisir l'*Insurrection*. Je n'avais pas vu les grandes Journées, j'étais en Normandie; mais je les connais maintenant, vous me les avez peintes avec splendeur et vérité. J'ai admiré comment, luttant de si près avec des faits si grands, vous avez su les saisir, les embrasser et les poser en statues sur un piédestal grandiose. Jamais vous n'avez été mieux inspiré, jamais vous n'avez dû l'être mieux:

« Sainte-Beuve. »

Heureuse époque, où tout le monde fut un instant d'accord, ce qui n'était jamais arrivé, ce qui n'arrivera plus !

Croyant à une ère nouvelle, Méry salua le drapeau national par un hymne enthousiaste, dont Halévy composa la musique.

Sœur aînée de la *Parisienne*, la *Tricolore* fut chantée la première sur tous les théâtres de Paris.

Mais bientôt le poëte, en présence des résultats mesquins et inattendus de la Révolution de 1830, fut pris d'un découragement profond.

La royauté, devenue épicière, au lieu d'un sceptre, tenait une balance, vendait à faux poids, tendait la main à l'égoïsme et s'appuyait sur la bourgeoisie, ce ballon gonflé de morgue et de sottise, qui réservait une chute si humiliante à son maladroit aéronaute.

Méry se retira à Marseille, décidé à ne plus s'occuper de politique.

Cependant sa tâche n'était pas accomplie.

Bientôt une lettre de son collaborateur le rappela dans l'arène : cette lettre annonçait que la *Némésis* était fondée.

« Journal en vers d'un seul homme ! » tel était le sous-titre pompeux que Barthélemy avait fait résonner aux oreilles du public en lançant son prospectus. Il ne tarda pas à comprendre que le fardeau serait trop lourd pour ses épaules.

Méry consentit à lui en alléger le poids

Par un sentiment fort rare de modestie et de délicatesse, il refusa même de signer le journal, afin de ne pas démentir les promesses du prospectus et de laisser croire au tour de force; mais la presse tout entière souleva bientôt le voile de l'anonyme, et le libraire Perrotin, publiant la *Némésis* en volume, écrivit au frontispice le nom des deux auteurs.

Cette satire périodique, à laquelle n'échappaient aucun mensonge, aucune trahison, qui arrachait tous les masques et fouettait sans pitié tous les ridicules, a laissé sur le visage de beaucoup de nos contemporains des stigmates qui s'y voient encore.

Le 3 juillet 1831 est une date qui a dû rester dans le souvenir de M. de Lamartine, ce poëte larmoyant et vaporeux, dont la vie semblait n'avoir rien de commun avec les hommes.

Némésis osa lui dire :

Un trône est-il vacant dans notre Académie?
A l'instant, sans regrets, tu quittes Jérémie
Et le char d'Élysée aux rapides essieux ;
Tu daignes ramasser avec ta main d'archange
Des titres, des rubans, joyaux pétris de fange,
   Et tu remontes dans les cieux.

D'en haut tu fais tomber sur nous, petits atomes,
Tes *Gloria Patri* reliés en deux tomes,
Tes psaumes de David imprimés sur vélin ;
Mais, quand de tes billets l'échéance est venue,
Poëte financier; tu descends de la nue
   Pour régler avec Gosselin [1].

Ces attaques de poëte à poëte n'auraient pas été excusables, si, dès cette époque, M. de Lamartine n'eût manifesté déjà ces malheureuses prétentions parlementaires

[1] Éditeur de M. de Lamartine.

au bout desquelles se creusait l'abîme politique où il est tombé.

Ainsi, malgré ses formes brusques et la rudesse de sa voix, *Némésis* avait raison lorsqu'elle ajoutait :

Mais qu'aujourd'hui, pour prix de tes hymnes dévotes,
Aux hommes de Juillet tu demandes leurs votes,
C'en est trop ! l'Esprit saint égare ta fierté.
Sais-tu qu'avant d'entrer dans l'arène publique
Il faut que, devant nous, tout citoyen explique
   Ce qu'il fit pour la liberté.

Va, les temps sont passés des sublimes extases,
Des harpes de Sion, des saintes paraphrases ;
Aujourd'hui tous ces chants expirent sans écho ;
Va donc, selon tes vœux, gémir en Palestine,
Et présenter sans peur le nom de Lamartine
   Aux électeurs de Jéricho.

Après un an de publication, le journal en vers cessa de paraître.

Ni Laffitte, malgré ses déboires, ni Lafayette, malgré son erreur avouée et reconnue, ni Mauguin, malgré ses convictions, ne voulurent délier leur bourse en faveur de la cause napoléonienne.

Obligée de fournir au Trésor un cautionnement de cent mille francs, dont elle n'avait pas le premier centime, *Némésis* dit, un beau jour, adieu à ses lecteurs, et Méry profita du repos auquel on condamnait sa plume pour faire en Italie un premier voyage.

Il y était convié par la famille impériale, qui, depuis longtemps, entretenait avec lui des relations par lettres.

La reine Hortense lui avait écrit :

« J'ai lu le *Napoléon*, et j'apprends vos beaux vers à mes enfants. »

Méry fut reçu par les nobles exilés comme il devait l'être, c'est-à-dire avec la reconnaissance la plus expressive et les témoignages de la plus chaleureuse affection.

Partout il rencontrait ses livres, partout on lui en récitait des passages.

Un des fils de la reine Hortense, mort depuis dans la Romagne, avait illustré la *Bataille des Pyramides*. Ce dessin peut encore se voir aujourd'hui dans l'album du roi Jérôme. Les Quarante Siècles, drapés dans leur linceul, sont échelonnés du haut en bas de la grande pyramide et regardent fuir les Arabes vaincus.

Il arrivait souvent à Méry de composer des vers en présence de toute la famille assemblée.

Nous avons sous les yeux une de ces brillantes improvisations, et l'on nous saura gré de la citer, car elle n'est contenue dans aucun recueil.

A SON ALTESSE

MADAME LA PRINCESSE DE MONTFORT.

Ne vous étonnez point, si ma facile plume,
Un jour, sur l'Empereur, improvise un volume;
Si, devant cette table accouru pour m'asseoir,
Je commence au matin pour le finir le soir.
Il faudrait qu'un poëte eût une âme de glace,
Pour demeurer stérile, assis à cette place,
Dans ce palais magique, où le plus grand des noms
Déroule devant nous ses merveilleux chaînons,

Où sur des fronts si beaux incessamment respire
Le cachet triomphal des grands jours de l'Empire,
Où l'on croit que le bras d'un magique destin
A mis le Carrousel au palais Florentin.
Française par le cœur, par l'esprit et la grâce,
Princesse, vous voulez que ma main vous retrace
Quelque grand souvenir de nos beaux jours éteints,
Un de ces vieux exploits, fils des pays lointains :
Si déjà votre album sur l'autre feuille étale
La plaine de Memphis, la page orientale
Où le grand capitaine, à cheval dans le feu,
Est peint par le crayon d'un illustre neveu,
Souffrez qu'à ses côtés ma plume de poëte
Trace encore une fois cette héroïque fête,
Où devant le héros les mamelucks ont fui
Au pied des monuments, colosses comme lui ;
Parler d'une bataille, où Napoléon brille,
C'est vous offrir, madame, un tableau de famille.

. . . .
. . . .

Voyez-les, ces enfants des déserts inconnus,
Arabes du Sennar, Africains demi-nus,
Nomades habitants des oasis numides,
Voyez-les éperdus au pied des Pyramides !
Le souffle du héros les a tous dispersés.
Devant son ombre seule ils se sont éclipsés ;

Pour les sauver du feu leurs cavales sont lentes;
Le désert a fermé ses retraites brûlantes,
Le Nil les engloutit sous ses mille roseaux
Et les porte à la mer dans ses sanglantes eaux.
Le sphinx monumental, témoin de la bataille,
Semble se relever de son immense taille,
Et prêter une flamme à ses yeux de granit
Pour voir l'homme puissant et le jour qui finit.
Salut, noble drapeau, déployé dans l'espace,
Ondoyant dans les mains du soldat qui l'embrasse!
Le tombeau de Memphis, ton digne piédestal,
Te livre avec orgueil au vent oriental,
Et l'armée, à genoux, de respect te contemple,
Comme si tu brillais sur le dôme d'un temple,
Beau drapeau, qui, roulant tes replis gracieux,
De gradins en gradins semble monter aux cieux!

Avant 1830, Méry s'était déjà fait connaître comme prosateur par la publication du *Bonnet vert*, qui avait disputé la palme à *Rouge et Noir* de Stendhal.

Son voyage d'Italie acheva de l'élever au

premier rang des romanciers de nos jours.

« Il rapporta, dit M. Georges Bell [1], des notes précieuses, avec lesquelles il écrivit d'abord les *Scènes de la Vie italienne*, qu'il publia, une fois revenu en France.

« La *Revue de Paris* donna ensuite un *Amour dans l'Avénir*, roman dont le succès grandit encore à son apparition en librairie, et auquel succédèrent un grand nombre de nouvelles : *Van Dick au palais Brignola*, les *Adeptes de l'Immortalité*, l'*Ame transmise*, etc., etc.

« Ces nouvelles parurent successivement dans les recueils périodiques, politiques et littéraires du temps.

---

[1] Auteur d'une introduction détaillée, mise en tête d'*Héva* (*collection des romans modernes*), et dont nous tirons les citations qui suivent.

« Plus tard, à diverses reprises, et toujours avec amour, Méry est revenu aux impressions que lui avait laissées ce voyage. Nous avons eu tantôt la *Comtesse Hortensia*, tantôt *Saint-Pierre de Rome*, tantôt la *Sémiramide*, puis ce magnifique ouvrage récemment sorti de sa plume, la *Juive au Vatican* ou *Amor e Roma*, le livre le plus complet et le plus exact que nous ayons sur Rome et sur l'Italie.

« Enfin, c'est encore avec les découvertes précieuses qu'il fit dans les bibliothèques vaticanes que Méry a pu écrire *France et Orient*, ce monument élevé à la gloire de ceux de nos ancêtres qui prirent la croix pour accompagner saint Louis, marchant à la délivrance du tombeau du Christ. »

Méry repassa les Alpes, après avoir consolé les derniers instants de la mère de l'Empereur, cette autre Cornélie, qui avait vu tant d'infortune succéder à tant de gloire.

Il trouva Paris en butte à une véritable avalanche de petits journaux.

Jamais époque n'avait été plus féconde en ridicules.

Le pays tout entier partait d'un immense éclat de rire aux facéties de la *Caricature*, du *Vert-Vert*, du *Charivari*, et surtout de cet éblouissant *Figaro* qui a laissé de si spirituels et de si méchants souvenirs.

On invita le maître à prendre part à cette nouvelle croisade à coups d'épingle.

Figaro savait que Méry allait lui fournir

ses plus fins aiguillons, et bientôt l'on imprima une multitude de joyeux articles, dont s'est délectée notre génération tout entière.

Qui ne se rappelle encore aujourd'hui cette course amusante à la recherche de l'*Opinion publique*, femelle aussi introuvable que l'homme de Diogène?

Et cette bizarre histoire d'*Arboguste*, qui mit, pendant huit jours, un académicien sur le lit de Procuste, a-t-on pu l'oublier?

Méry rendait compte de la représentation solennelle d'une tragédie en cinq actes de M. Viennet à la Comédie-Française; il faisait l'analyse de l'œuvre, en citait des tirades complètes; parlait de l'enthousiasme du public, des bravos qui avaient accueilli le nom de l'auteur, que sais-je ? Tout le monde accourut féliciter le père d'*Arbogaste*, tout le monde... excepté les sociétaires du Théâtre-Français, très-surpris de voir le compte rendu d'une pièce qu'ils n'avaient pas encore jouée.

Depuis, ils la jouèrent une seule fois.

Tous les matins Méry écrivait ses trois articles, avant d'aller déjeuner chez le duc de Choiseul, où son couvert était mis à côté de ceux du chevalier de Barneville et du marquis de Giambone.

Barneville avait joué aux échecs avec Jean-Jacques Rousseau, et Giambone avait connu Voltaire.

On peut dire du duc de Choiseul qu'il a été le dernier des grands seigneurs.

Seul, au milieu de l'envahissement de

la sottise bourgeoise, il montrait à la cour étonnée de Louis-Philippe un reste de magnanimité, de nobles instincts et de protection éclairée des arts, dont personne autre que lui ne donnait l'exemple.

Au premier coup de onze heures, le maître d'hôtel ouvrait à deux battants les portes de la salle à manger, où se trouvait la table nue, et, quand le dernier coup résonnait à l'horloge du Louvre, le service était au grand complet.

Les convives alors prenaient place.

Écrivains, artistes, pairs de France, prélats, députés, s'asseyaient au hasard à ce banquet fraternel, dont la bourgeoisie était exclue, et où, par conséquent, se réfugiaient l'esprit, le bon goût, la liberté.

Méry, à ces déjeuners de M. de Choiseul, était en quelque sorte le chaînon qui réunissait deux siècles, deux littératures.

Il promettait à Giambone une loge pour *Hernani*, et Giambone lui racontait la première représentation d'*Irène*.

Parmi les autres convives, qui avaient un pied dans le dernier siècle et qui venaient tendre la main au poëte, nous citerons Duperray, ancien secrétaire de Mirabeau; M. de Pradt, l'illustre archevêque de Malines, et Jouy, devenu l'ami le plus cher de l'auteur de la *Villéliade*.

Le lion de la tribune semblait avoir légué à Duperray quelque chose de son audace et de sa verve éloquente.

Je ne sais quel député du centre ayant osé dire que le gouvernement du roi citoyen deviendrait illustre dans nos fastes historiques, le secrétaire de Mirabeau lui cria :

— Allez dire à votre maître que ce siècle est le siècle de Rossini et de Victor Hugo !

De cette époque date la réputation de Méry comme causeur.

Jamais on n'a rencontré dans un seul homme une plus grande facilité de langage, un tour plus délicat d'expressions, un jeu de physionomie plus original, une spontanéité d'esprit plus étincelante. La conversation de Méry est un feu d'artifice qui éclate, pétille, rayonne sans cesse et ne s'éteint jamais.

Depuis vingt ans, on se le dispute dans

les salons, dans les fêtes, dans toutes les réunions artistiques, sans qu'il ait rien perdu de sa verve.

Sur ceux qui, pour la première fois, le regardent et l'entendent, il produit l'effet d'un météore : le premier sentiment est l'épouvante, l'admiration ne vient qu'ensuite.

Mais un autre prodige, plus extraordinaire peut-être, c'est que, chez Méry, l'improvisation de la plume est aussi vive et aussi prompte que l'improvisation de la parole.

Nous aurions à citer ici vingt anecdotes pour une.

A un dîner chez madame de Girardin, quelqu'un parlait de la tragédie de *Lucrèce*, reçue à l'Odéon, et pour laquelle

M. Lireux embouchait d'avance toutes les trompettes de la réclame, habileté directoriale qui, jointe au haro classique poussé contre les *Burgraves*, n'a pas été l'une des moindres causes du succès.

—Quand on ne peut, chez nous, renverser un piédestal, on se hâte d'en élever un autre : le temps seul fait reconnaître la qualité du granit.

Lucrèce allait donc se jouer outre-Seine.

— Une tragédie classique?... Eh! bon Dieu, qui ne ferait pas une tragédie classique? s'écria Méry. Je ne connais en aucune sorte le chef-d'œuvre en question ; mais je gage que, en moins de deux heures, je vous écris un premier acte de *Lucrèce*? Vous pourrez ensuite, si bon vous semble, le comparer à celui de M. Ponsard.

— Le défi est accepté.

Madame de Girardin ouvre son cabinet de travail, on y enferme le poëte, et, quatre-vingt-douze minutes après, montre en main, il apporte l'acte promis.

Cela tenait du miracle.

Le journal la *Presse*, craignant de soulever des inimitiés contre *Judith*, alors à l'étude à la Comédie-Française, n'osa pas insérer les vers de Méry; mais un rédacteur du *Globe* s'empara de cette improvisation merveilleuse, et la publia, le lendemain, comme un avant-goût de l'œuvre de M. Ponsard.

Chacun y fut trompé.

Le soir où la pièce fut jouée à l'Odéon,

quelqu'un aborda Charles Nodier et lui dit :

— Comment trouvez-vous cela, maître?

— Pas trop mal, répondit Nodier. Seulement, on a coupé ce qu'il y avait de mieux.

— Quoi donc?

— Ce qui a paru dans le *Globe*, il y a huit jours.

Nos lecteurs peuvent étudier les pièces du procès, mettre en regard les deux actes et se convaincre que celui de Méry est infiniment supérieur à l'autre.

Du reste, ici, le jugement de Nodier a force de loi.

Les amis de Méry s'amusèrent souvent à lui faire subir de semblables épreuves.

« Cher maître, lui écrivit un jour Constantin Joly, mademoiselle X..., notre illustre diva, professe, en matière culinaire, les hérésies les plus condamnables; elle défend à son cuisinier le gigot à l'ail; mais elle adore vos vers, et j'ai fait le pari que vous m'enverriez, courrier par courrier, quelques strophes capables de la convertir. »

Méry était à Marseille, il répondit :

Je le sais, l'ail, enfant des Bastides voisines,
N'est pas en bonne odeur dans vos fades cuisines,
Même au Palais-Royal, tout encadré d'arceaux,
Jamais l'ail n'embauma de ses gousses chéries
Dans leur beau restaurant, ouvert aux galeries,
 La trinité des Provençaux.

Vous ne savez donc pas que cette plante est bonne
Entre toutes? Tissot, professeur en Sorbonne,

Ne vous a pas vanté cet admirable don,
Lorsque, des vieux Romains disant la grande chère,
Bucoliques aux doigts, il vous explique en chaire
  Les vers du *Pastor Corydon?*

Virgile, homme de goût, a vanté son arome
Dans des vers applaudis par les dames de Rome;
Et, quand il allait voir Auguste au Palatin,
Tythyllis apprêtait l'ail, en gardant ses chèvres,
Et le poëte, en cour, exhalait de ses lèvres
  Le vrai parfum du vers latin.

Tout ce qui porte un nom dans les livres antiques,
Depuis David, ce roi qui faisait des cantiques,
Jusqu'à Napoléon, l'empereur du Midi;
Tout a dévoré l'ail, cette plante magique,
Qui met la flamme au cœur du héros léthargique,
  Quand le froid le tient engourdi.

. . . .
. . . .

Et toi, cher Constantin, dont l'amitié m'excite,
Si je t'écris ici ces quelques vers si vite,

C'est que l'ail dans Marseille a mis son grand bazar,
Que je viens d'en manger pour écrire un volume,
Et qu'au lieu d'encre enfin j'avais pris pour ma plume
　　L'ail de Virgile et de César.

Henry Monnier se trouvait alors à Marseille.

Le crayon de l'artiste rivalisa de promptitude avec la plume du poëte, et, cinquante-deux heures après le départ de sa lettre, Constantin Joly reçut l'*ode à l'ail* illustrée.

Nous aurions cru difficilement nous-même à cette facilité inouïe, si nous n'avions été témoin d'un fait analogue, que Félicien David, notre illustre collaborateur et ami, certifiera, comme nous le certifions.

C'était au commencement de l'été dernier, dans la maison de campagne que Méry habitait à Chatou.

Il s'agissait du cinquième acte d'un grand opéra intitulé la *Fin du Monde*, dont Félicien termine, en ce moment, la gigantesque partition.

Tout à coup, du choc des idées jaillit une situation musicale.

Le jeune compositeur l'approuve; l'œil de Méry étincelle, et, sans plus de retard, là, devant nous, à course de plume, il écrit un morceau de quatre-vingt-dix vers, rhythmé, dialogué, avec l'absence la plus complète de ratures, et qui se nomme le *Duo du dernier amour*.

C'était surtout chez Victor Hugo, place Royale et, depuis, rue de la Tour-d'Auvergne, qu'avaient lieu les scènes d'improvisation les plus surprenantes.

Jamais un nuage de jalousie ne troubla ces deux grandes amitiés de l'auteur d'*Héva* et de l'auteur de *Ruy Blas*.

Ils s'aimaient sincèrement comme frères et s'admiraient plus sincèrement encore comme poëtes.

Qui n'a lu, dans les *Voix intérieures*, cette pièce de vers si touchante et si naïve qui a pour titre : *A des oiseaux envolés?* Victor Hugo rappelle ses enfants, qu'il a chassés dans un moment d'humeur, et dont l'absence le chagrine. Il leur dit :

. . . .
Voyons, faisons la paix, je vous prie à mains jointes;
Je vous livrerai tout, vous toucherez à tout!
Vous pourrez sur ma table être assis ou debout;

Je vous laisserai même, et gaîment, et sans crainte,
O prodige ! en vos mains tenir ma Bible peinte,
Que vous n'avez touchée encor qu'avec terreur,
Où l'on voit Dieu le Père en habit d'empereur.
. . . .
Et puis brûlez les vers dont ma table est semée,
Si vous tenez à voir ce qu'ils font de fumée !
Brûlez ou déchirez ! Je serais moins clément,
Si c'était chez Méry, le poëte charmant,
Que Marseille la grecque, heureuse et noble ville,
Blonde fille d'Homère, a fait fils de Virgile.
Je vous dirais : « Enfants ! ne touchez que des yeux
A ces vers qui demain s'envoleront aux cieux.
Ces papiers, c'est le nid, retraite caressée,
Où du poëte ailé rampe encor la pensée.
Oh ! n'en approchez pas ! car les vers nouveau-nés,
Au manuscrit natal encore emprisonnés,
Souffrent entre vos mains innocemment cruelles.
Vous leur blessez le pied, vous leur froissez les ailes ;
Et, sans vous en douter, vous leur faites ces maux
Que les petits enfants font aux petits oiseaux. »

A la reprise d'*Hernani* par madame Dorval, Méry écrivit sur ses genoux, au fond de sa loge, un quatrain que nous regrettons de n'avoir pu retrouver.

Victor Hugo le reçut et lui envoya cette réponse :

1er janvier.

« Que vous êtes bon, mon poëte, et que vous êtes heureux ! Faire éclore de pareils vers avec quatorze degrés de froid, c'est avoir plus de rayons dans l'âme que le soleil n'en a au ciel. Quel magnifique privilége vous avez là ! Ma femme a pleuré, moi j'ai été touché jusqu'au fond du cœur; et puis, le soir, j'ai lu vos vers à dona Sol, toute palpitante de son triomphe, et cette ravissante poésie a trouvé moyen de l'émouvoir encore après les acclamations de toute la salle. C'est que quatre vers de vous, Méry, c'est de la gloire. Madame Dorval a une couronne, vous venez d'y attacher des diamants. — Je vous aime.

« Victor. »

Pour en finir avec cette prodigieuse facilité de Méry, qui était l'un des plus grands étonnements de son illustre confrère, nous raconterons une dernière anecdote, que Victor Hugo lui-même a racontée cent fois.

C'était un jeudi de mars. Nos deux poëtes avaient déjeuné ensemble.

En quittant la place Royale, ils rencontrent sur le boulevard Anténor Joly et Ferdinand de Villeneuve.

— Maître, dit Anténor à l'auteur d'*Her-*

nani, quand donc nous ferez-vous un drame?

— Êtes-vous pressé? demande Victor Hugo.

— Très-pressé.

— Alors, voilà Méry qui vous en fera un, et qui viendra vous le lire chez moi, lundi prochain, à midi.

Le poëte parlait sérieusement.

Son compagnon ne sourcillait pas, bien qu'il n'eût jamais travaillé pour le théâtre : « Mais, pour tout au monde, dit-il lui-même dans une de ses préfaces, je n'aurais voulu faire mentir le grand maître avec lequel je me trouvais. »

Au jour et à l'heure fixés, Méry lut aux

futurs directeurs de la Renaissance. le drame de la *Bataille de Toulouse*.

Ce drame eut cent représentations. Depuis dix-huit ans, les troupes de province ne cessent de le jouer.

Il renferme des situations assez neuves et assez attachantes pour qu'un ancien collaborateur d'Alexandre Dumas se les soit appropriées dans le *Château de Grantier*, afin de prouver qu'il lui est possible de travailler seul.

Désirant ménager *ses* richesses, le même ancien collaborateur, dans l'opéra de la *Fronde*, a repris une seconde fois le dénoûment de la *Bataille de Toulouse*, ainsi que l'a très-bien fait observer M. Fiorentino dans son compte rendu musical.

Et c'est ici le cas de signaler un abus,

d'autant plus déplorable, que la masse ignorante du public ne peut en faire justice.

Il y a dans la ruche littéraire des abeilles laborieuses qui parcourent le champ fleuri de l'imagination et composent leur miel avec le suc le plus doux de la poésie; mais tout à coup les frelons arrivent, envahissent la ruche et dévorent le miel.

Messieurs les vaudevillistes et charpentiers du théâtre contemporain comprennent-ils cet apologue?

Au lieu de puiser dans leur propre fonds, ils s'appliquent à exploiter le fonds des autres. Ils nous feraient vraiment croire qu'ils sont au dépourvu d'idées et d'imaginative. Que ne laissent-ils en repos romans, feuilletons et nouvelles? Ont-ils besoin de suspendre nos œuvres, disséquées et saignantes, aux frises de leur théâtre?

Ils organisent le vol, et en font, sous les yeux de la loi, une industrie fort lucrative.

On les voit se partager nos dépouilles dans les estaminets borgnes, autour d'une chope de bière.

Si vous les traînez au Tribunal de commerce, vous trouvez là, métamorphosés en juges, de gros bourgeois ventrus, connaissant au mieux la propriété matérielle et le Code qui la protége, mais toujours prêts à se récuser lorsqu'il s'agit de la propriété de l'intelligence.

De sorte que les abeilles ont tort, et que le miel se mange en toute sécurité.

Seulement, il arrive aux frelons d'avoir

la fantaisie de le manger plusieurs fois. Ainsi, dans un drame récent, joué à la Porte-Saint-Martin, les auteurs ont trouvé bon de se servir, en troisième ordre, du dénoûment de la *Bataille de Toulouse*.

Quand on prend du Méry, l'on n'en saurait trop prendre!

Sûrs de la bienveillance du Tribunal de commerce, deux de nos plus féconds vaudevillistes ont *emprunté* à Méry, pour faire l'*Homme blasé*, la nouvelle ayant pour titre : *Bonheur d'un Millionnaire*; et un dramaturge du boulevard a bâti le *Château des Sept-Tours* avec les matériaux d'*Un Amour au Sérail*.

Seulement, comme on peut le voir, ils ne conservèrent pas le titre de ces nouvelles.

Mais un frelon moins scrupuleux, M. Charton, s'empara de l'*Ame transmise*, et ne se donna pas la peine de la déguiser sous un autre titre : il mangea tout le miel de la ruche.

Ces pillages eurent lieu surtout lors de la publication des *Nuits de Londres*, œuvre charmante, que Méry donna au public à son retour d'un voyage qu'il fit en Angleterre avec Marie Taglioni.

Messieurs les fabricants de vaudevilles trouvent sans doute leur excuse dans cet axiome.

« On n'emprunte qu'aux riches. »

A l'époque où nous sommes, c'est-à-dire de 1842 à 1844, il y eut chez Méry un véritable débordement de séve littéraire.

Héva, la *Floride*, la *Guerre du Nizam*,

publiées presque sans interruption, ne laissaient plus respirer les abonnés de la *Presse*. Cette trilogie brillante, succédant aux *Mystères d'Udolphe*, à l'*Histoire d'une Colline* et à la *Famille Dherbier*, amena des sacs d'or dans la caisse du journal.

Un incendie vint à éclater dans les bureaux de la *Presse* et réduisit en cendres les quatorze premiers feuilletons de la *Guerre du Nizam*.

Aussitôt les directeurs offrirent cinq mille francs à Méry pour le dédommager de cette perte.

Le poëte refusa et se mit à recommencer son œuvre.

M. Dujarrier, mort depuis si malheureusement dans un duel que la Cour d'assises a qualifié d'assassinat, lui écrivit alors :

« Mon cher Méry,

« Votre lettre me touche vivement; mais, de votre part, les sentiments qu'elle exprime sont loin de me surprendre. Vous repoussez l'offre de Girardin, soit, puisque vous le voulez! Mais je fais mes réserves et je ne m'explique pas. J'ai besoin d'un peu de temps.

« Tout à vous de cœur,

« DUJARRIER. »

Trois mois après, un encrier magnifique, sculpté par nos premiers artistes et représentant les principaux épisodes de la *Guerre du Nizam*, fut envoyé à l'auteur de la trilogie indienne, comme témoignage de reconnaissance et d'amitié.

Méry n'a jamais vu l'Inde, et cependant il en a fait une peinture saisissante.

Parfois les poëtes ont d'inexplicables révélations. Le ciel accorde évidemment le don de seconde vue à certaines natures privilégiées.

Les principales œuvres de Méry, outre celles que nous avons déjà citées, sont : la *Ferme de l'Orange*, *Une Conspiration au Louvre*, la *Circé de Paris*, *Une Veuve inconsolable*, *Adrienne Chenevier*, les *Deux Enseignes*, le *Transporté*, *Un Mariage de Paris*, et cette délicieuse nouvelle *Anglais et Chinois*, qui fit nommer M. Lagrené ambassadeur en Chine, tant sa femme obséda le ministère Guizot pour aller voir un pays dont la description lui avait paru si ravissante.

— C'est à vous que je dois mon ambassade, dit M. Lagrené à Méry. Je désire que vous me fournissiez l'occasion de vous être agréable.

— Eh bien! répondit le poëte, rapportez-moi une tuile de la tour du temple *Pao-gnen-tsée* (temple de la Reconnaissance [1]).

Deux ans après, Méry reçut une caisse énorme, pleine de chinoiseries, et au centre de laquelle, dans une boîte tout en la-

---

[1] Ce monument vient d'être détruit par l'insurrection.

que et d'une richesse extrême, se trouvait sur un coussinet de soie parfumé à l'ambre la *tuile* demandée...

Méry a vu la Chine comme il a vu l'Inde, par révélation et sans quitter son cabinet de travail.

Bientôt deux nouveaux romans, le *Paradis natal* et le *Damné de l'Australie*, dignes frères d'*Héva*, nous rendront le lac de Tinnevely, les naucléas, les tulipiers jaunes et le chattiram avec sa colonnade d'érables.

A cette imagination merveilleuse qui le distingue, et à sa verve éternelle, Méry joint des qualités ordinairement incompatibles chez le même homme : il est mathématicien comme Euclide, savant comme

Leibnitz, astronome comme Newton, philosophe comme Bayle et Descartes.

Il a battu aux échecs la Bourdonnais.

Pendant son séjour en Angleterre, il y avait derrière lui, dans les salons de l'Amirauté, toute une pléiade de *comètes* qui le regardaient jouer au whist.

Homme du monde avant tout, jamais il n'a paru dans un cercle sans en chasser l'ennui.

Son existence est un long poëme, semé de péripéties suaves ; un beau ciel, où la femme, radieuse étoile, l'a constamment éclairé de ses rayons.

Il nous sera permis peut-être, un jour, de soulever le voile qui recouvre de doux mystères : nous raconterons alors comment

Méry a été l'homme le plus aimé et le plus digne de l'être.

Depuis vingt ans, il a renvoyé sa muse politique pour ne plus s'occuper que de poésie intime, de poésie de cœur, et pour semer partout, dans les boudoirs, sur les albums, des diamants précieux, qui tous auraient été perdus, si M. Georges Bell, son ami, n'en eût dernièrement rassemblé quelques-uns dans un seul écrin [1].

Méry n'a pas un ennemi : tous les artistes l'estiment et l'admirent.

Aider, encourager, protéger l'art, tel est constamment le but de sa vie. Rien ne

---

[1] Sous le titre de *Mélodies poétiques*, à la librairie de Victor Lecou.

lui coûte, ni les démarches, ni le travail, ni les sacrifices. On l'a vu revenir tout exprès de Florence, au milieu de l'hiver, pour écrire le discours d'inauguration du théâtre de la Renaissance.

L'art n'a jamais assez de temples dans le monde,
Il faut tendre la main à la main qui les fonde.

Son discours terminé, Méry se hâta de retourner de l'autre côté des Alpes, car il faisait froid, et, nous avons oublié de le dire, ce fils du Midi grelotte sur nos boulevards en plein soleil d'août.

Mais on n'a jamais vu Méry avoir froid au cœur.

Demandez une de ses mains, il vous tendra les deux.

Pendant nos dernières années de trouble, bien des infortunes ont cherché près de lui refuge et protection. La littérature contemporaine n'oubliera jamais qu'un de nos meilleurs feuilletonistes du lundi, victime d'une accusation mensongère, et menacé de la transportation, dut son salut à l'auteur d'*Héva*.

Bon, sensible, indulgent, Méry a toujours fait l'éloge de ses confrères ; ou, si parfois il lui échappe quelques mots de critique, cette critique est si douce et si spirituelle, que celui qu'elle attaque en rirait le premier.

Nous en citerons un exemple.

Lors des représentations d'*Ulysse*, il vint, douze ou quinze fois de suite, écouter l'œuvre de M. Ponsard. Nous lui demandames, avec Gérard de Nerval, la cause d'une telle excentricité.

— Mon Dieu! nous répondit-il, cette pièce a, d'un bout à l'autre, une absence d'intérêt qui m'amuse!

Deux passions ont dominé toute sa vie : l'amour de l'art et l'amour de la France.

Il a constamment échauffé de son enthousiasme le nouvel athlète de génie qui descendait dans la lice. Courbet, Diaz, Couture, et vingt autres peuvent dire, qui a, le premier, salué leur gloire.

Quant à l'amour de Méry pour la France, il éclate en vers sublimes toutes les fois que notre honneur national se trouve engagé aux yeux de l'Europe et du monde. C'est alors que le poëte trouve ses plus belles inspirations.

Après le bombardement de Barcelone, il écrivit à M. de Lesseps :

. . . .
. . . .

Voilà ce qu'on a vu dans l'orageuse ville,
A Barcelone, au feu de la guerre civile,
Volcan humain roulant sur la terre qui bout :
Quand l'ouragan courba la foule consternée,
Souveraine dans vous et dans vous incarnée,
 La France seule était debout !

Debout, quand l'homme expire et que la pierre tombe,
Debout sur la ruine et debout sur la tombe,
Debout, lorsque la mort pleuvait du haut des airs !
Toujours la ville en deuil, sous le drapeau de France,
Reconnaissait en vous l'ange de l'espérance
 Dans une auréole d'éclairs !

Prêtre du temple saint que l'agonie implore,
Élevant sur son toit le signe tricolore,
Vous avez abrité sous les nobles couleurs
Ceux qui fermaient déjà leur paupière flétrie ;
Sans demander leur nom, leur culte, leur patrie,
 Vous n'avez vu que les malheurs !

Méry chante sous l'impression d'un événement, comme chantaient autrefois les rapsodes d'Hellénie. La pièce écrite, quelque journal s'en empare, puis le poëte oublie son œuvre. Moins que personne, il ne pourrait dire aujourd'hui ce que sont devenus les vers qu'il a ainsi écrits par milliers.

Nous n'avons pas essayé de peindre Méry comme auteur dramatique. On le joue tous les soirs, soit à la Comédie-Française, soit à l'Odéon, soit à la Porte-Saint-Martin.

Son théâtre est une image fidèle de sa conversation.

Le feu d'artifice commence aux premiers vers et ne s'éteint qu'à la chute du rideau.

Pour terminer cette biographie, que

sans doute il nous sera donné de rendre plus complète un jour, nous citerons un extrait des *Mémoires* de M. Alexandre Dumas.

« Méry, dit-il, sait tout, ou à peu près tout ce qu'on peut savoir : il connaît la Grèce comme Platon, Rome comme Vitruve ; il parle latin comme Cicéron, italien comme Dante, anglais comme lord Palmerston.

« L'homme le plus spirituel a ses bons et ses mauvais jours, ses lourdeurs et ses allégements de cerveau. Méry n'est jamais fatigué, Méry n'est jamais à sec. Quand par hasard il ne parle pas, ce n'est point qu'il se repose, c'est tout simplement qu'il écoute ; ce n'est point qu'il soit fatigué, c'est qu'il se tait. Voulez-vous que

Méry parle? approchez la flamme de la mèche et mettez le feu à Méry. Méry partira. Laissez-le aller, ne l'arrêtez plus, et que la conversation soit à la morale, à la littérature, à la politique, aux voyages; qu'il soit question de Socrate ou de M. Cousin, d'Homère ou de M. Viennet, d'Hérodote ou de M. Cottu; vous aurez la plus merveilleuse improvisation que vous ayez jamais entendue.

« Il est savant comme l'était Nodier; il est poëte comme nous tous ensemble; il est paresseux comme Figaro, et spirituel... comme Méry. »

Nous sommes d'autant plus enchanté d'être une fois d'accord avec M. Alexandre Dumas, que jadis il nous a contraint de publier contre lui une brochure violente.

En jetant le blâme au littérateur, en désapprouvant son mercantilisme insensé, nous avons eu un tort, dont la colère ne nous lave pas, celui d'attaquer l'homme.

Aussi le regrettons-nous sincèrement.

Nous le regrettons pour M. Dumas, que nous avons blessé, qui, par cela même, dédaigne nos conseils, persiste à ne point respecter sa gloire, et continue d'encombrer chaque issue de la presse avec ses collaborations anonymes.

Nous le regrettons pour la jeune littérature, que nous avons défendue tout à la fois avec conscience et avec maladresse.

Nous le regrettons pour nous-même, qui avons, aujourd'hui, avec M. Dumas des amis communs.

Certes, nous serons heureux le jour où

l'on nous prouvera que nous devons dire de lui ce que nous disons de Méry :

« Il fait tous ses livres.

« Jamais son œuvre n'a été souillée par une plume étrangère.

« Sa gloire est vierge, son mérite est intact, l'honnêteté de son travail n'a jamais été mise en doute.

« Il n'a pas jeté ses confrères sur un chemin funeste; il ne les a pas réduits à négliger l'art pour faire du métier; il n'a pas, à lui tout seul et par des moyens impies, absorbé le budget des lettres.

« Enfin, s'il a eu des collaborateurs, il les a toujours placés à sa droite au soleil de sa renommée. »

FIN.

L'autographe que nous offrons à nos lecteurs est extrait d'une lettre de recommandation donnée par Méry à M. Georges Bell, pour se présenter chez Victor Hugo.

C'est un poète & un ami des poètes, il sera bientôt le vôtre, car il vous admire déjà, & c'est par l'admiration qu'ont toujours commencé les amitiés intelligentes.

Méry

www.ingramcontent.com/pod-product-compliance
Lightning Source LLC
LaVergne TN
LVHW050639090426
835512LV00007B/924